Lk⁷951

NOTICE

CHRONOLOGIQUE ET HISTORIQUE

SUR LES

GRANDS BAILLIS

DE LA VILLE & DE LA CHATELLENIE DE BERGUES

par

A. BONVARLET.

Extrait des Annales du Comité Flamand de France, tome V.

LILLE,
IMPRIMERIE DE LEFEBVRE-DUCROCQ,
Place du Théâtre, 36.

1860

NOTICE

CHRONOLOGIQUE ET HISTORIQUE

SUR LES

GRANDS BAILLIS

DE LA VILLE ET DE LA CHATELLENIE DE BERGUES

En composant la notice que l'on va lire, nous nous sommes proposé d'éclairer un côté encore inconnu de notre histoire. C'est dire que notre travail s'adresse exclusivement aux érudits, amis du sol natal, de ce « *Vaderland* » si cher à tout Flamand de France. Eux seuls comprendront toute la satisfaction que nous avons éprouvée en parvenant à grouper ces noms, ces petits faits, ces détails, en apparence arides et insignifiants. Puissent-ils accueillir avec indulgence le fruit de nos recherches et éprouver quelque plaisir à le parcourir !

Nous ne nous sommes pas occupé de la fondation des grands bailliages; notre cadre était trop modeste pour embrasser une question de cette importance; les matériaux nous manquaient d'ailleurs. Nous renverrons le lecteur aux auteurs qui ont écrit sur nos anciennes institutions ou qui ont parlé des origines du droit coutumier. Rapsaet, Warnkœnig, etc., etc., ont traité en partie ce point de notre histoire générale.

Les incendies qui ont successivement dévasté la ville de

Bergues, et surtout le grand désastre de 1383, ayant anéanti les documents antérieurs à cette date, nous n'avons pu remonter plus haut. Il est constant néanmoins que le grand bailliage de Bergues devait exister au XIIIe siècle.

N'ayant rien négligé pour donner à notre travail ce cachet d'exactitude qui doit en faire le principal, sinon le seul mérite, nous espérons qu'il ne s'y trouvera que peu d'erreurs, et nous demandons à nos collègues du Comité de nous signaler celles dans lesquelles nous serions tombé.

I

GODEVAERT DE HEELT.

1391-1393

Nous n'avons aucun renseignement sur ce personnage; un individu du même nom figure, en 1395 et en 1398, parmi les échevins de la ville de Bergues [1].

II

JEAN DE LATTRE, *dit* VAN DE KERCKHOVE.

1393-1394

Il fut présent, le 29 juin 1394, dans l'église abbatiale de Saint-Winoc à la translation des reliques de ce saint, de saint Oswald, de sainte Lewine et de sainte Idubergue [2].

Voici ce que nous trouvons à son égard dans l'Espinoy [3].

---

[1] Liste du magistrat de Bergues, manuscrit de M. Vernimmen de Vinckhof.

[2] Notes en français, ajoutées au « Catalogus abbatum Sancti-Winoci » auctore Carolo Gileins, hujus monasterii monacho, ms. du XVIIe siècle, dont nous avons pris copie. Nous eussions voulu pouvoir citer *in extenso*, ce passage curieux de nos annales religieuses, mais cela nous eût conduit hors de notre sujet.

3 Recherches des Antiquités et Noblesse de Flandre, p. 69.

« Jean de Latre, dit Van den Kerckhove, fut promu à l'of-
» fice de grand bailly de Gand le 11ᵉ de novembre 1411,
» lequel par avant avoit esté bailly de la Sale d'Ypre et de-
» puis en l'an 1393, bailly de la ville de Bergues St-Winocq,
» et par après escoutète de la ville de Bruges le 7ᵉ de may en
» l'an trois cent nonante six, depuis bailly de Furnes en l'an
» 1414 et du depuis parvint au noble office et grand bailliage
» de la ville de Gand, en l'an susdit; on trouve un Jean Van
» den Kerckhove avoir aussy desservy le bailliage de la
» chambre légale de Flandre, l'an 1408 jusque 1419, je ne
» scay de quelle famille il estoit, s'il ne fut de ceux à présent
» encore résidens à Ypre lesquels ont faict plusieurs nobles
» alliances audit pays de Flandres, comme à ceux de Van der
» Gracht, à ceux Van den Brecht, à ceux Van Heurne
» d'Audenarde et autres : ils portent d'azur, au chef es-
» chiqueté d'or et de....¹, audit azur une colombe desploiée
» d'argent, avec un rameau d'olivier au bec de sinople;
» autres disent qu'il porta d'argent à trois cœurs perchez de
» gueules... »

Nous trouvons un Jean Van den Kerckhove, échevin du Franc de 1385 à 1395 ². Les nobiliaires contiennent de nombreux renseignements sur les différentes maisons de Kerckhove habituées dans les Pays-Bas, mais aucun d'eux ne vient compléter, en ce qui nous concerne, l'ouvrage du vieux chroniqueur.

---

¹ Cet émail n'est pas indiqué dans l'Espinoy.
² M. Gailliard, dans son ouvrage, « Bruges et le Franc », t. III, p. 382, donne pour armes à celui-ci : « Echiqueté d'argent et d'azur de six tires ; au chef d'or, à la colombe volante d'azur, becquée et membrée de gueules. tenant en son bec une branche d'olivier de sinople brochante sur le tout (du chef) ».

III

JACQUES DE MEETKERCKE, chevalier.
1394-1399.

Il était fils de Henri, seigneur de la cour de Snelleghem, échevin, receveur général du Franc, et de Catherine Bloms. Jacques de Meetkercke occupait déjà son office en juillet 1394[1], et prêta la même année 100 florins d'or au duc Philippe-le-Hardi[2]. Il mourut le 13 août 1420, et fut enterré, avec sa femme N. Broeders et son fils Gauthier, dans l'église de Nieuport. « On y voyait au milieu du chœur une pierre ornée
« de leurs armes et de ce qui suit :

« Hier light
» WAUTHER VAN MEETKERCKE, f^s Mher *Jacob*
» Die stirf in t'jaer XIIII^cXXXVIII den XIV in April,
» Ende Mher JACOB VAN MEETKERCKE, f^s *Hendrycks*,
» Rudder, den welcken starf in t'jaer
» XIIII^cXX, den XII in Ougstmaendt
» Ende Vrauw..... BROEDERS,.... dochter,
» Voorts *Jacobs* wyfs,
» De welcke starf in t' jaer XII.... [3] ».

La famille de Meetkercke, qui tirait son origine de la paroisse du même nom, au territoire du Franc, portait pour armes : de gueules, à deux épées d'argent posées en sautoir, la pointe en bas; la garde et la poignée d'or[4].

---

[1] Notes manuscrites laissées par M. Vernimmen de Vinckhof.
[2] M. Gailliard, ouvrage cité, t. II, p, 104.
[3] Idem, t. 1, p. 253.
[4] Il est à remarquer que les armes de Meetkercke sont précisément celles

IV

ROBERT DE CAPPLE, chevalier.

1399-1403

Nous arrivons ici à une des notabilités de notre pays à l'époque féodale. Robert, seigneur de Capple en West-Cappel, fut un des personnages les plus comptés à la cour de ces princes guerriers qui avaient nom Philippe-le-Hardi et Jean-sans-Peur.

C'est en 1386 que, pour la première fois, il nous apparaît revêtu de fonctions publiques, en qualité de grand-bailli de Tenremonde [1]. De là, il passa successivement aux grands

---

des anciens sires de Tibériade ou de Tabarie, en Terre-Sainte, issus, comme l'on sait, des châtelains de Saint-Omer.

Un Adrien Walkin, dit Meetkercke, écuyer et sous-bailli de Bergues, fut commis en 1483, pour ouïr tous les quatre mois, les comptes que « Domp » Martin Happe, prieur ; Jacques Van den Weechscheede, *Kellewaerdere*, ou » garde-cave, et Wautier Coopman soubs-prieur du cloistre de St-Winnocq », devaient fournir des revenus de cette abbaye. (Notes en français annexées au « Catalogus Abbatum » déjà cité.)

La place de sous-bailli lui avait été donnée par lettres de Maximilien et de Marie de Bourgogne, datées de Bruxelles, le 30 Hoeymaent 1480, « pour ses » bons services rendus à leurs altezes Philippe et Charles de Bourgogne et » principalement au faict de l'artillerie ». Il succédait dans cette charge à Lancelot Knibbe (ld.).

Adrien Walkin était fils de Jean. Il maria sa fille à André de Bierne, dont le fils eut pour parrain Adrien Van Peene, abbé de Saint-Winoc.

[1] L'Espinoy, p. 209, dit que Robert de Capple occupa cet emploi de 1386 à 1389: nous voyons, dans l'inventaire des archives des chambres des comptes de la Belgique, sous le n° 14355, les comptes qu'il rendit du 8 mars 1387 (v. s.?), au 10 janvier 1390 (v. s.?) en qualité de grand bailli de la ville et châtellenie de Tenremonde.

bailliages de Furnes [1], d'Ypres [2], d'Alost [3] et de Bergues. Il remplit ce dernier emploi depuis octobre 1399 jusqu'en novembre 1405 [4]; nous le perdons de vue pendant quatre ans, pour le retrouver, le 2 mai 1407, à la tête du grand bailliage de Bruges et du Franc [5].

Robert de Capple remplit aussi les fonctions de conseiller et de maître d'hôtel des ducs de Bourgogne [6]. Il était fils de Canut, seigneur de Capple, et épousa Elisabeth Parole. Sa pierre tumulaire, presqu'entièrement fruste, existe encore aujourd'hui dans l'église de West-Cappel, près de Bergues.

La famille de Capple portait d'argent, à la bande losangée de gueules [7].

V

JEAN VAN MEDELE.

1403-1404

Nous n'avons aucune trace de son administration; un de

---

[1] Les Archives de l'Etat, à Bruxelles renferment ses comptes du bailliage de Furnes, du 13 février 1390 (v. s.?) jusqu'au 10 mai 1395.

[2] Les comptes qu'il rendit comme bailli d'Ypres existent au même dépôt pour la période comprise entre le 8 janvier 1396 (v. s ?) et le 1er décembre 1397.

[3] Cette qualification lui est donnée par les manuscrits de M. Vernimmen et par l'Espinoy. Le dernier auteur dit qu'il était grand bailli d'Alost en 1399, et qu'il passa ensuite au bailliage de Bergues.

[4] Manuscrits de M. Vernimmen.

[5] Inv. des Archives des chambres des comptes de la Belgique.

[6] Nous n'avons fait qu'indiquer ici les traits principaux de la vie du sire de Capple. On les trouvera reproduits pour la plupart et avec plus de détails dans l'excellente « Notice sur les anciens seigneurs de Capple », publiée dans les Mémoires de la Société dunkerquoise, par notre respectable collègue et ami M. L. Cousin, président de cette compagnie.

Les « Fragments généalogiques », t. III, p. 192, blasonnent mal ces armoiries.

nos documents dit qu'il était de « famille incognue [1] ».

VI

EUSTACHE VAN HAVERSKERCKE, chevalier.

1404-1407

Le prénom de ce seigneur a subi parfois des transformations bizarres ; nous l'avons trouvé écrit Hutin, Hustin, Eustin, Huchin et même Justin [2].

En 1403, il était bailli de Dunkerque [3] et de Cassel [4] et fut commis par le duc de Bar au rétablissement des fortifications de la première de ces villes. Eustache de Haverskercke était fils de Renaud et de Marie de Beveren, dame de Dixmude. Il mourut en 1411, et posséda avec le titre de chambellan de Jean-sans-Peur, les terres de Mernis, Saint-Floris, Gauguerie et Vendin. De sa femme, Marie de Stavele, fille de Guillaume, vicomte de Furnes et de Marie de Heule, il laissa plusieurs enfants parmi lesquels nous citerons Philippe, qui devint également grand bailli de Bergues. L'Espinoy [5] nous parle du grand crédit dont il jouissait auprès du comte Louis de Male.

La famille de Haverskercke prenait son nom d'un village de la châtellenie de Cassel et portait : d'or, à la fasce de gueules. Elle s'est éteinte il y a peu d'années.

---

[1] « Liste des grands baillys de la ville et chastelenie de Bergues-St-Winocq », rédigée au XVIIe siècle et dont nous avons pris copie.

[2] Faulconnier l'appelle ainsi, t. I, p. 39.

[3] Id., *loco citato*.

[4] L'Espinoy, ouvrage cité, p. 171.—Liste manuscrite des grands baillis de Bergues, déjà mentionnée.

[5] *Loco citato.*

VII

GUILLAUME DE STAVELE, chevalier.
1408-1411

Il était en exercice au mois de juillet 1408 [1]. La maison de Stavele, qui tirait son origine de Jean, comte de Richemont, fils cadet de Jean II, duc de Bretagne [2], descendait en droite ligne de la maison de France, par Pierre Mauclerc, duc de Bretagne, capétien de la branche de Dreux. Nous nous proposons de publier une courte généalogie de la famille de Stavele, sous le titre de : « Une branche flamande de la maison de France ».

Cette maison portait : d'hermines à la bande de gueules.

VIII

THIERRY DE HEUCHIN.
1412-1414

Il maria « Agnès, sa fille, à messire Jean de Bambeke, » chevalier, et eurent Jean de Bambeke, escuyer, dict Galoy ». pour lequel on célébrait un obit annuel dans l'église Saint-Martin, à Bergues [3]. Thierry de Heuchin appartenait à une ancienne famille d'Artois, qui portait : d'argent, au lion de sable, l'écu semé de billettes de même. Une branche de cette maison paraît s'être établie dans la châtellenie de Bergues [4].

---

[1] Manuscrits de M. Vernimmen.
[2] Manuscrit de la Bibliothèque de M. E. de Coussemaker. — Sanderus.
[3] Liste manuscrite citée.
[4] Un fief à Coudekerke portait le nom de la Haute-Porte d'Heuchin. Georges de Heuchin, chevalier, fut échevin de Berghambacht de 1435 à 1459 et un Pierre de Heuchin obtint fréquemment le même titre de 1492 à 1507.

IX
JEAN D'OYE.
1414-1416

Il y avait au XVe siècle plusieurs personnages [1] de ce nom dans le pays. Tous appartenaient à une famille qui tirait son origine de la terre d'Oye en Calaisis. Nous n'avons pu établir exactement la filiation de celui qui nous occupe. Il est probable que c'était Jean d'Oye, seigneur de Fontenoy, de Saint-Goris et de Westmeerbeke, père de Renaud, seigneur desdits lieux [2]. Ce grand bailli était en même temps écuyer et panetier du duc de Bourgogne; en 1420, après avoir cessé ses fonctions, il fut commissaire au renouvellement de la loi de Bergues. Il se qualifiait alors de « conseiller du duc de Bourgogne [3]. »

Oye porte: d'azur; au chef d'argent, chargé de deux lions de gueules affrontés, tenant entre leurs pattes un buste de more de sable, tortillé d'argent.

X
GILLES WALINS, chevalier.
1416-1319 [4]

Ce seigneur était encore grand bailli de Bergues lors-

[1] Jean d'Oye, échevin de Bergambacht en 1418 et 1419; — autre Jean d'Oye, échevin de la ville de Bergues, en 1423.

[2] Nous devons à l'habile crayon de M. Alfred Dezitter, notre collègue au Comité, un dessin de ce qui reste de la pierre tumulaire de Renaud d'Oye qui fut enterré à Steene. Ce monument, tout fruste qu'il est, nous permet de rectifier l'ouvrage intitulé : « Généalogie de quelques familles des Pays-Bas », Amsterdam, 1774, où il est dit, à la page 141, qu'Agnès de Dorpre, femme de Renaud d'Oye, mourut le 2 février 1415, tandis qu'elle mourut le 23 février 1431.

[3] Manuscrits de M. Vernimmen. Il avait eu la même commission le 20 février 1414. (v. s.)

[4] Une note de M. Vernimmen dit que le grand bailliage était vacant au mois de novembre 1419.

qu'il assista à la reddition des comptes, le 10 février 1418 (v. s.), en remplacement d'Henri Goethals, doyen de Liége[1]; il devint grand bailli d'Ypres, en 1419[2] et, à une époque que nous ne saurions préciser, mais antérieure toutefois à 1436, il gagna un procès important contre Jean de la Cornhuyse[3]. Nous trouvons aussi que Jacques, son fils, marié à Jeanne de Steenlant, était troisième échevin de Bergues en 1498, et que Jeanne, sa fille aînée, épousa Colart de Cortewille, fils de Jean et de Catherine de Paris[4].

La famille Walins, originaire du West-Quartier, portait : d'argent, au chevron de sable accompagné, en chef, de deux roses de gueules, et en pointe, d'une molette de sable.

XI

WAUTIER MERSSIAEN, seigneur de Lorimer.

Voici ce qu'en dit l'Espinoy[5] :

« .... Il estoit natif d'Ypres et seigneur de Lorimer, à
» Werwicque. Il estoit homme de grande vertu et prudence
» et avoit esté employé à plusieurs autres estats et offices,
» car il fut bailly de la Sale d'Ypre en l'an 1418 et fut
» conseiller et procureur général de Flandre aux gages de deux
» cents francs par lettres données à Dijeon en 1418 et bien-
» tost après de la ville de Bergues Saint-Winocq[6] et depuis
» l'an 1422 escoutète de la ville de Bruges, comme de
» mesme il fut aussy bailli de la chambre légale de Flandres.

---

[1] Manuscrits de M Vernimmen.
[2] Sanderus, t. II, p. 168.
[3] M Gailliard, ouvrage cité, t. II, p. 160.
[4] Id. t. I, p. 264. — Liste manuscrite des grands baillis de Bergues.
[5] *Loco citato*, folio 172.
[6] En décembre 1429, suivant les manuscrits de M. Vernimmen.

» Il eut à femme dame Catherine Van der Hoyen [1] de cette
» noble famille de Gand et fut commis par ceux du conseil
» pour accompagner les damoiseaux de Solre et de We-
» semaele avec quatre cens chevaulx envoiez par le duc de
» Brabant en la journée de Bruges et en plusieurs autres
» grandes affaires pour le service des ducs de Bourgogne.
« J'ignore le port de ses armes [2] ».

XII
JEAN DE BUZERE, écuyer.
1421-1422.

Un Jean de Buzere, échevin de Bruges en 1350, fut créé chevalier en 1356. Il porta primitivement : parti ; au premier, d'argent à trois cors de sable liés de même ; au second, de vair. Depuis il supprima le premier parti [3]. Quant à celui qui fut grand bailli de Bergues, depuis 1421 jusqu'en novembre 1422, nous croyons l'avoir retrouvé dans un personnage du même nom qui fut échevin de cette ville en 1408 [4].

XIII
RENAUD KNIBBE, chevalier.
1422-1426

On le trouve parmi les nobles qui accompagnèrent Phi-

---

[1] Van Hoyen : écartelé ; au 1 et 4, d'argent, à l'aigle éployée de sable ; au 2 et 3, d'argent, à la bande de gueules chargée de trois coquilles d'or.

[2] Sanderus, t. II, p. 362, donne sur Gaultier ou Wautier Merssiaen des renseignements identiques à ceux de l'Espinoy. Ils sont toutefois plus abrégés.

[3] M. Van Dycke, « Recueil héraldique, » p. 86. L'auteur nous permettra de lui demander comment cet ouvage publié en 1851, est devenu, en 1860, « le Nobiliaire de la Flandre occidentale », sans autre changement qu'un *rajeunissement* de titre ?

[4] Manuscrits de M. Vernimmen.

— 14 —

lippe-le-Bon dans sa grande expédition de 1421[1]. Au retour, il fut nommé grand bailli de Bergues ; de là, il passa en la même qualité à Furnes, où nous le voyons en 1428, et à Ypres, dont il occupait l'office en 1431 [2]. Lorsqu'il fut chargé, en 1435 et en 1436, d'assister à la reddition des comptes des magistrats de Bergues, il figura à l'assemblée, sous le titre de conseiller du duc de Bourgogne [3]. Renaud Knibbe était fils de Jacques ou Jacquemart, fils lui-même d'Omer et de N.... Camerlynck [4] ; il appartenait à une famille éteinte depuis longtemps, mais qui brilla d'un certain éclat [5] : Paul Knibbe, mort le 5 octobre 1592, fut ambassadeur de Christian IV, roi de Danemarck [6].

S'il faut s'en rapporter au témoignage de M. Van Dycke, cette maison aurait eu pour auteur Everard Knibbe [7], cousin de saint Thomas de Cantorbéry, et aurait porté : d'argent, au lion passant de sable, brisé d'un premier canton de gueules, au chevron d'hermine (qui est de Ghistelles).

XIV

PHILIPPE VAN HAVERSKERCKE, chevalier.

1426-1428

Il possédait les terres de Saint-Floris, Mernis, Gaugue-

---

[1] Sanderus, t. I, p. 83
[2] Id. t. III, p. 223 et t. II, p. 269.
[3] Notes manuscrites de M. Vernimmen.
[4] Notes manuscrites annexées au « Catalogus abbatum ».
[5] M. Van Dycke, ouvrage cité, p. 228.
[6] M. Gailliard, t. I, p. 183.
[7] *Loco citato.*

Un Lancelot Knibbe, chef pauvriseur de l'église Saint-Martin à Bergues, en 1476 et 1477, devint « *Kerckmeester* » en 1472 et 1482 ; un autre de même nom était de l'échevinage de Bergbambacht en 1473, 1477 et 1480.

rie et avait pour père, Eustache, dont nous avons déjà parlé. Ce seigneur eut une carrière longue et bien remplie : comblé, dès le début, des faveurs de Louis de Male mort en 1383 [1], il ne décéda que le 14 mars 1448, et fut enterré avec sa femme, Anne de Praet, devant le maître-autel de l'église Saint-Nicolas de Furnes [2]. Il avait été conseiller et chambellan et fut commissionné de 1438 à 1443, pour renouveler les magistrats de Flandre [3].

XV
MICHEL PAELDINCK.
1428-1431.

Il était d'une noble famille du pays d'Ypres, qui portait, au rapport de Laurent Leblond [4] : parti de gueules et de sinople, à l'aigle éployée d'or, sur le tout. Guillaume Paeldinck était avoué d'Ypres en 1294 [5]; Marguerite Paeldinck

---

[1] Voici ce qu'en dit l'Espinoy, à la page 171 : « Philippe de Haveskercke, » chevalier, fut retenu au service de Louis, dit de Male, comte de Flandres » et chevalier de son hostel, auquel ledit comte donna pour traictement les » briefs de sa chambre à vie et le fit ledit comte haut reneur au lieu de messire Jean de Bruges, outre ce, ledit comte luy assigna trois cents livres de » rente en Flandres pour tenir en fief dudit comte et mille livres de forte » monnaie. »
Le fief de 300 liv. de rente était ce que, dans le code féodal, on appelait un fief de bourse. Toutes ces gratifications nous disent que Philippe Van Haverskercke devait être un des suppôts du parti des « Leliaerts », auquel appartenait le comte Louis de Male.

[2] M. Gailliard. t. I, p. 9. — Le même auteur, page 7, donne le titre de bailli de Bergues à Philippe Van Haverskercke, chambellan de Louis de Crécy; nous croyons que c'est le résultat d'une erreur.

[3] Manuscrits de M. Vernimmen.

[4] « Quartiers généalogiques. »

[5] Sanderus, t. I, pages 83-84.

figure sur la liste des abbesses du Nouveau-Cloître [1], à la date de 1361; Christiaen et Georges Paeldinck furent à la chevauchée de Philippe-le-Bon en 1421 [2].

Pendant une absence que fit Michel, en 1431, son office fut géré par Galopin de Capple, bailli de la bourgeoisie (*poort-bailliu*) de la ville de Bergues [3].

XVI
GALOPIN DE CAPPLE.
1431-1432.

Nous venons de voir qu'il ne fut que le substitut de Michel Paeldinck. Il était parent de Robert de Capple dont il a déjà été question, mais nous ne savons pas à quel degré [4].

XVII
PHILIPPE DE LONGPRÉ, chevalier.
1432-1450.

De tous les grands baillis de la ville de Bergues, il en est peu qui aient laissé autant de traces et qui aient joué un rôle aussi important dans l'histoire du pays.

---

[1] Voir la Chronique des abbesses du Nouveau-Cloître que nous avons publiée dans les mémoires de la Société dunkerquoise.

[2] Sanderus, t. I, p. 83-84.

[3] Notes de M. Vernimmen. — En vertu d'une commission du prince adressée au bailli de la ville de Bergues, Jean de Hornes, seigneur de Beaucignies, prêta serment le 15 janvier 1429, en présence de la loi, comme gouverneur de l'hospice de la Madeleine. Voir « Recherches historiques sur la ville de Bergues », p. 199.

[4] Il résigna ses fonctions de bailli de la bourgeoisie quand il devint le « *Stedehouder* » de Michel Paeldinck.

Galopin de Capple ne peut être, par l'époque où il vivait, le personnage du même nom, mentionné dans la « Généalogie de la famille de Coussemaker », Lille, 1858, in-4°, p. 91.

Philippe de Longpré appartenait, croyons-nous, à une famille du West-Quartier dont le nom flamand était Langhermeersch. Il portait les titres de seigneur de St-Sicx et de Brocholle [1].

Sanderus nous le montre assistant en 1421 à la grande expédition de Philippe-le-Bon [2]. Quelques années plus tard, en 1432 [3], il fut préposé au grand bailliage et assista dix ans après à l'entrée solennelle de Pierre Lotin, abbé de St-Winoc [4].

Commissaire à l'audition des Comptes de 1444 à 1446, il obtint le 4 septembre 1447, des lettres de prorogation dans son office de grand bailli [5]. Il était en même temps gouverneur de l'hospice de la Madeleine, léproserie située hors des murs de la ville de Bergues, à l'endroit aujourd'hui appelé Ziekeliende [6]. Philippe de Longpré mourut en 1459 [7], ne laissant après lui que d'assez tristes souvenirs [8]. Il était conseiller et chambellan de Philippe-le-Bon [9].

---

[1] Notes annexées au « Catalogus abbatum ».

[2] T. I, p. 83.

[3] La date de sa commission est du 5 juin.

[4] « Revue des sociétés savantes », 2ᵉ série, t. III, p. 131.

[5] « Ces commissions étaient temporaires et à charge de rendre compte ou
» d'une certaine redevance envers le domaine, celle dont il s'agit ici était une
» commission de continuation. » — Note de M. Vernimmen.

[6] « Recherches historiques sur la ville de Bergues », p. 197 à 199. Le successeur de Philippe de Longpré, à la Madeleine, fut André Dolins, conseiller et maître des requêtes de Philippe-le-Bon.

[7] Manuscrits de M. Vernimmen.

[8] Voir M. Kervyn de Lettenhove, « Histoire de Flandre », 2º édition, Bruges, 1854, t. III, p. 202, 236 et 269. Nous renvoyons le lecteur à cet ouvrage, regardé avec raison comme l'un des plus beaux monuments historiques qui aient été élevés en l'honneur de la Flandre

[9] Manuscrits de M. Vernimmen.

La famille de Langhermeersch portait : d'argent, à la fasce bretessée et contrebretessée de gueules.

XVIII
ANTOINE DE LONGUEVAL, dit DE LA BARRE,
« ghescyt van de Baer. »
1459-1465.

Nous n'avons rencontré de lui que la trace de son passage au grand bailliage.

XIX
ROLAND DE POUCQUES, chevalier.
1465-1467.

Possesseur des terres de Poucques, de Winghene, de Lomme et de Weldene, ce seigneur, qui était en même temps vicomte d'Ypres, vendit ce dernier fief à Guillaume Hugonet, seigneur de Saillant.

Il ne paraît pas avoir exercé personnellement l'office de grand bailli de Bergues, car, en 1465, il fut autorisé à le faire gérer par Jean de Crekele [1]. En 1468, il devint bourgmestre du Franc et il passa, en 1472, au grand bailliage de Gand ; il fit, ensuite et à diverses reprises, partie du magistrat du Franc et ne mourut qu'en 1504.

Roland de Poucques était fils de Jean, vicomte d'Ypres, et de Jeanne de Flandre, dite de Praet. Il fut marié deux fois : à Ygone Van der Goet et à Isabelle Van de Velde [2].

---

[1] *Alias* de Cokele. — Manuscrits de M. Vernimmen.

[2] Nous empruntons la plupart de ces détails à l'excellent ouvrage de M. J. Gailliard, « Bruges et le Franc », t. I, p. 114 et 115. Notre collègue nous permettra de lui faire remarquer qu'il attribue à Roland de Poucques, contemporain de Charles-Quint, des faits qui se sont passés au temps de Louis de Male et qui ont eu pour auteur un des ancêtres de notre grand bailli.

Poucques porte : d'or, au lion de sable. C'est une des plus anciennes familles de Flandre.

XX
JEAN DE ROUCHEFAY, écuyer, dit ROSQUIN.
1468-1469.

Bien que nous ne trouvions pas sa filiation, nous le prendrions volontiers pour un fils de Gauthier d'Oye que nous allons rencontrer plus loin [1].

Jean de Rouchefay était premier panetier « *eerste Malmeester* » du duc de Bourgogne ; il reçut sa commission le 1er janvier 1467 (v. s.) et résigna ses fonctions, l'année suivante, en faveur de Simon de Rouchefay, son frère [2].

XXI
SIMON DE ROUCHEFAY.
1469-1477.

Il obtint sa commission le 20 juillet 1469 [3] et paraît être Simon d'Oye, sire de Rouchefay [4], fils de Gauthier, dont nous avons à parler. Ce Simon d'Oye aurait épousé Marie Baldekens, fille de Josse, bailli de Dunkerque [5].

XXII
GAUTHIER D'OYE.
1477-1478.

Il était écuyer et chambellan du duc de Bourgogne. Admis

---

[1] Voir à l'article de Gauthier d'Oye.

[2] Manuscrits de M. Vernimmen.—Une autre note du patient annaliste donne à Jean de Rouchefay et à Simon, son frère, le titre de « premier écuyer du duc de Bourgogne ».

[3] Notes de M. Vernimmen.

[4] Dumont, « Généalogies de quelques familles des Pays-Bas », p. 142.

[5] Idem, *loco citato*.—M. Gailliard parle d'un Simon de Rouchefay, dont la femme, Jeanne de Grysperre, était veuve en 1480.

au serment, le 12 juin 1477, il avait été commissionné en qualité de grand bailli le 6 mars précédent ¹.

Nous le trouvons mentionné dans Dumont ², qui lui prête le titre de grand bailli de Cassel, et qui lui donne pour femme, Marie de Grammeel, dame de Rouchefay. Il était petit-fils de Jean d'Oye, dont il a été question en 1414.

XXIII
COLART D'AVELIN.
1478-148..

Nous n'avons rencontré ce grand bailli que dans un seul document; les autres sont complètement muets à son égard ³.

XXIV
JOSSE D'HALEWYN.
14..-148..

Il était déjà en possession du grand bailliage en 1486, date où nous le trouvons gouverneur de l'hospice de la Madeleine ⁴. Appartenant à une des premières familles de Flandre, il

---

¹ Manuscrits de M. Vernimmen. Gauthier d'Oye avait déjà été chargé de gérer le grand bailliage en l'absence de Simon de Rouchefay.

² Ouvrage cité. Cet auteur donne le titre de grand bailli de Bergues à Guillaume de Grammeel, beau-père de Gauthier d'Oye; ce ne peut être que le résultat d'une erreur.

Un Gauthier d'Oye, échevin de la châtellenie de Bergues en 1460, brisait le champ de son écu d'un animal dont nous n'avons pu reconnaître l'espèce. Nous voyons ensuite un personnage de ce nom, d'abord « poort-bailliu » de Bergues en 1472, devenir lieutenant-vicomte, par commission du 12 mai 1473, et garder ces dernières fonctions jusqu'en 1485.

³ Les manuscrits de M. Vernimmen présentent une lacune, de 1479 à 1485, dans une partie de la liste du magistrat.

⁴ M. De Baecker, « Recherches historiques sur la ville de Bergues », p. 199

n'était autre, croyons-nous, que Josse d'Halewyn, seigneur de Roosebeke, de Merckem, de Sweveghem et vicomte d'Harlebeke [1], qui fut bourgmestre de la commune du Franc en 1476 et en 1437 [2]. Ces dernières fonctions l'auraient alors lancé dans les troubles qui agitaient la Flandre, et il serait ainsi devenu l'un des chefs les plus audacieux et les plus entreprenants des communes insurgées [3].

XXV
ROLAND D'HALEWYN [4], chevalier [5].
148.-148..

Les diverses généalogies que nous avons consultées sont muettes sur ce personnage. Tout ce que nous savons de lui, c'est qu'il tenait à Bergues en 1488 le parti du Roi des Romains [6]. Nous supposons qu'il fut nommé en remplacement de Josse, son parent, lorsque celui-ci prit part à la révolte contre Maximilien, avec Antoine Van Houtte [7] et plusieurs autres seigneurs du West-Quartier.

XXVI
JOSSE D'HALEWYN.
148.-1492.

Il reparaît de nouveau au grand bailliage qu'il occupa jusqu'à sa mort arrivée en 1492. Les manuscrits de M. Ver-

---

[1] M. Gailliard, ouvrage cité, t. I, p. 224.
[2] Idem.—La famille d'Halewyn portait : d'argent, au lion de sable, armés, lampassés et couronnés d'or. Elle criait : Halewyn! Halewyn!
[3] Annales du Comité, t. IV, p. 29.
[4] Roland d'Halewyn manque sur la liste de M. Vernimmen.
[5] Qualification qui lui est donnée par Sanderus, t. III, p. 316.
[6] « Liste manuscrite des grands baillis de la ville de Bergues ».
[7] Voir p. suivante.

nimmen qui nous fournissent cette date, ajoutent qu'il était conseiller et chambellan [1].

XXVII
ANTOINE VAN HOUTTE, dit DU BOIS, chevalier.
1493-1497.

Ce seigneur appartenait à une famille qui est considérée comme une branche bâtarde de la maison de Saint-Omer [2]. Il possédait les terres de Flêtre et de Straceele, et portait, comme Josse d'Halewyn, les titres de conseiller et de chambellan du duc de Bourgogne [3], ce qui ne l'empêcha pas de faire la guerre à son souverain et de se mettre, en 1488, à la tête des Brugeois révoltés contre Maximilien. Il fut fait prisonnier dans un combat près de Coxide [4].

Sa disgrâce ne dut toutefois pas être longue, car dès le 23 février 1492 (vieux style), nous le trouvons à la tête du grand bailliage de Bergues [5]. Ces fonctions ne se confiaient jamais qu'à des hommes résolus et dont la fidélité était acquise au prince qui les employait.

Antoine Van Houtte mourut en 1506; son tombeau existe encore aujourd'hui dans l'église de Flêtre. M. L. De Baecker, à qui nous empruntons ce détail, nous apprend que ce monu-

---

[1] Le savant annotateur le qualifie de seigneur de Capple. Il lui donne ailleurs le titre de seigneur d'Estrées et ajoute qu'il se démit du grand bailliage en faveur d'Antoine Van Houtte, seigneur de Flêtre.

[2] Manuscrits de M. de Villerode à la bibliothèque de Douai.

[3] C'est au moins ce que disent les manuscrits de M. Vernimmen; nous n'avons pu vérifier s'il s'agissait de Charles le Téméraire ou de Maximilien. Son épitaphe nous apprend qu'il avait les mêmes titres auprès de Charles V.

[4] M. Kervyn de Lettenhove, t. IV, p. 376. Cet auteur le nomme Antoine de Flêtre.

[5] Le manuscrit de M. Vernimmen dit qu'il reçut sa commission à cette date.

ment placé dans la chapelle de Saint-Nicolas est en marbre noir, et qu'on y voit sculptés, en ronde bosse, un chevalier et sa dame, ayant à leurs pieds un lion et un levrier [1].

Nous emprunterons encore à M. De Baecker le texte de l'inscription qui se trouve placée au-dessous, sur une lame de cuivre :

« Sepulture d'Antoine Van Houtte, seigneur de Flêtre et de
» Stracelles, conseilleur et chambellan de S. M. Charles de
» Castille, aussi son capitaine de Dunkerque et grand bailli
» de Bergues et de Bergambacht, qui mourut l'an XV^{c}VI.
» Sépulture de Barbe Van Belle, dame de Flêtre et de Stra-
» celles, espouce d'Antoine susdict, mourut ans XV^c [2] ».

Van Houtte portait : d'or, à la fasce de sinople.

XXVIII
GEORGES D'OYE.
1498-1499.

Ce grand bailli mourut le 14 mars 1498. (v. s.) Sa veuve fut autorisée à faire gérer l'office par Josse de Ghistelles [3].

Georges d'Oye fut échevin de Bergambacht en 1480, 1492, 1494 et 1495 [4]. Nous croyons qu'il avait épousé Eléonore de Ghistelles et qu'il était neveu de Gauthier d'Oye, grand bailli en 1477.

XXIX
JOSSE DE GHISTELLES, écuyer.
1499-1501.

Il exerça au nom de sa parente, veuve de Jean d'Oye et

---

1 « Flamands de France », p. 335.
2 Idem.
3 Manuscrits de M. Vernimmen.
4 Idem.

prêta serment le 30 mars 1498, (vieux style) [1]. Nous ne l'avons pas retrouvé dans les nobiliaires.

XXX
MARC LOTTIN.
1501-1502.

Marc Lottin épousa Marie de Heule; par sa fille, Marie, alliée à Philippe de Zuytpeene, il est au nombre des ascendants de deux branches de la famille de Saint-Genois.

Un Jean Lottin fut marguillier de l'église Saint-Martin à Bergues, en 1468 à 1470 [2].

XXXI
ANTOINE VAN HOUTTE, chevalier.
1502-1504.

Il paraît être fils du précédent Antoine, et portait, comme lui, le titre de seigneur de Flêtre et de Straceele. Il alla en Gheldre en 1504, sans doute pour prendre part à la guerre qui ensanglanta ce pays et fut autorisé, en cette occasion, à faire gérer son office par François de Walloncappelle [3].

XXXII
FRANÇOIS DE WALLONCAPPELLE, écuyer.
1504-1507.

Nous venons de voir qu'il n'eut la charge de grand bailli qu'en qualité de vicaire d'Antoine Van Houtte Il devint

---

[1] Manuscrits de M. Vernimmen.

[2] Notes manuscrites sur cette église, curieux document qui remonte au XVII° siècle et qui mériterait les honneurs de l'impression; nous en avons pris copie dans l'intention de le traduire et de le publier.

[3] Notes de M. Vernimmen.

capitaine de St-Omer en 1507, et fut, l'année suivante, l'un des commissaires au renouvellement de la loi de Bergues. Un François Van Waelscappel était échevin de Berghambacht en 1496 et en 1513.

La maison de Walloncappelle, branche cadette de celle de Morbeque, portait : d'or, à deux fasces de gueules.

XXXIII
ANTOINE VAN HOUTTE, susdit.
1504-1531.

De retour de la Gheldre, il reprit, en 1507, possession de l'office du grand bailli [1]. Le nom du sire de Flêtre fut diverses fois mêlé aux affaires de l'abbaye de St-Winoc.

Jacques Vilgiers, abbé de ce monastère, étant mort en 1517, les moines choisirent, pour lui succéder sur le siége abbatial, Jacques Cauwelin, prévôt de Wormhout ; mais le souverain avait des vues différentes, un autre avait captivé sa bienveillance. En conséquence, Antoine Van Houtte reçut la mission de violenter les moines. Il s'établit avec ses gens d'armes dans le local de l'abbaye et l'occupa militairement jusqu'à l'arrivée de Jacques de Courteville, appelé par la volonté de Charles V, à gouverner l'antique domaine de Saint-Winoc.

En 1520, nous le voyons revêtu d'une mission plus pacifique : avec Maximilien de Hornes, seigneur de Gaesbeke; François Van den Gracht, capitaine de Courtrai; Liévin de Pottelsberghe, seigneur de Winderhoute et Jean Wyts, water-

---

[1] Manuscrits de M. Vervimmen. Antoine Van Houtte obtint prolongation de commission le 11 août 1522; le 9 et le 12 juin 1525, le 9 juin 1528; le 11 juin 1531 et mourut au commencement de 1532.

grave de Flandre, il appointa une difficulté qui s'était élevée entre la ville et l'abbaye.

Enfin, en 1527, le 16 novembre, il assista à l'entrée solennelle de François d'Oudegheerst, abbé de St-Winoc, qu'il avait contribué à faire nommer, en l'accompagnant avec pompe à l'assemblée capitulaire, le 28 octobre précédent, jour où le chapitre délibérait sur l'élection. L'assemblée acclama aussitôt celui qu'on lui présentait d'une façon aussi cavalière [1].

Antoine Van Houtte mourut sans postérité; à son décès, les seigneuries de Flêtre et de Straccele sortirent de la famille du Bois, et nous voyons par l'épitaphe de Jean de Wignacourt, décédé le 11 mars 1545, qu'il se qualifiait de « seigneur de Flêtre et de Stracelles » [2].

Tous les ans, on célébrait dans le couvent des Dominicains de Bergues, en janvier; « ce Lundy, après le jour de » saint Anthoine, l'anniversaire d'Anthoine van Houtte, che- » valier, seigneur de Vleteren, bailly de la ville et de la châ- » tellenie de Bergues » — Le magistrat devant y être prié [3]. Nous ne saurions dire auquel des deux grands baillis du même nom cette mention devait s'appliquer.

XXXIV
JOSSE DE GHISTELLES, dit D'EKELSBEKE.
1532-1534.

Héritier d'Antoine Van Houtte, il obtint commission le 7 mai 1532 pour achever le bail accordé à son parent le 11 juin précédent et prêta serment peu de temps après. Adolphe de

---

[1] Notes en français à la suite du « Catalogus abbatum » déjà cité.
[2] M. De Baecker, ouvrage cité, p. 335.
[3] Voir l'article relatif aux Dominicains de Bergues que nous avons publié dans le Bulletin du Comité, t. I.

Prant s'étant fait délivrer des lettres-patentes de grand bailli, cela donna lieu à un procès que le conseil des finances jugea en faveur de Josse de Ghistelles, par arrêt du 9 mai 1533. Celui-ci exerça depuis paisiblement son office jusqu'au 15 août 1534 [1].

La branche de Ghistelles-Ekelsbeke brisait son écu de trois molettes d'argent.

XXXV
ADOLPHE DE PRANT, chevalier.
1534-1535.

Il était seigneur de Blaesvelt et succéda le 15 août 1534 à Josse de Ghistelles, en vertu d'une commission du 17 juillet. Sans attendre la fin de son bail, il céda son office à Jacques de Vicq, qui suit [2].

XXXVI
JACQUES DE VICQ, écuyer.
1535-1549.

Jacques de Vicq, seigneur de Bertholf, Poterie, fut commissionné le 17 février 1534 (v. s.) et prêta serment en qualité de grand bailli le 23 mars [3]; il remplissait en même temps les fonctions de bailli de l'abbaye de St-Winoc [4].

Le 9 juin 1546, à la reddition des comptes de la ville de Bergues, il fut, pour cause d'absence, momentanément remplacé par Adrien Piel, sous-bailli [5], son parent.

---

[1] Manuscrits de M. Vernimmen.
[2] Ibid.
[3] Ibid.
[4] Liste manuscrite des grands baillis de la ville de Bergues.
[5] Manuscrits de M. Vernimmen. Cet Adrien Piel était en 1545 et années suivantes, chef marguillier de l'église St-Martin.

— 28 —

Après avoir cessé ces fonctions en 1549, il devint, en 1566, premier poortmeester de Bergues [1], et il mourut le 20 avril 1565, sans laisser de postérité de Marie, *alias* Anne Piel, sa femme. Il était fils d'Henri et de Jacqueline de Menin [2].

La famille de Vicq, qui existe encore, porte : de sable, à six besans d'or, 3, 2, 1.

XXXVII
PIERRE DE GRIBOVAL, chevalier.
15..-15..

Nous ne connaissons pas exactement la date de son passage au grand bailliage de Bergues [3].

Pierre de Griboval, seigneur de Berquin, conseiller et chambellan de Charles-Quint, receveur-général de Flandre, fit, à diverses reprises, partie du magistrat de la commune du Franc et du Quartier-Nord de Bruges, de 1529 à 1554, époque de sa mort. Il était fils de Louis, seigneur de Bacquelrode et d'Adrienne, dame de Berquin [4].

XXVIII
CHARLES, seigneur DE LA CORNHUYSE, chevalier.
15..-1556.

Il apparaît pour la première fois à nos yeux, le 9 mai 1545, en qualité de commissaire au renouvellement de la loi.

---

[1] Manuscrits de M. Vernimmen, Jacques de Vicq obtint différentes fois des commissions de continuation.

[2] M. Gailliard, ouvrage cité, t. II, p. 268.

[3] Il manque dans les notes de M. Vernimmen; mais dans l'autre liste, il figure sans indication de date, en qualité de successeur de Jacques de Vicq. Nous l'avons également trouvé dans Sanderus. Malgré tout cela, nous sommes disposé à considérer son passage au grand bailliage comme apocryphe.

[4] M. Gailliard, t. I, p. 302.

Il était, à cette époque, capitaine de Bourbourg et fut présent aux comptes de 1548, de 1549 et de 1550. Charles de la Cornhuyse, nommé par commission du 13 novembre 1549, pour trois ans, moyennant une redevance annuelle de 600 ₶ de gros, fut reçu le 9 décembre suivant, et obtint le 17 décembre 1432 une prolongation de bail.

Il mourut en 1556, laissant postérité d'Anne Peussin, sa femme, fille de Josse et d'Adrienne Raes. Il était fils d'Adrien et de Jacqueline de la Palme [1].

Cornhuyse portait : de gueules, à la fasce bretessée et conbretessée d'or.

XXXIX
HENRI DE LA CORNHUYSE, chevalier [2].
1556-1557.

Fils du précédent, selon M. Vernimmen, il fut autorisé par commission de Philippe II, en date du 7 octobre 1556, à achever le bail de son père.

XL
NICOLAS DE BRYAERDE.
1557-1559.

Il était fils de Lambert, président du grand conseil de Malines, et de Marguerite Micault. Nicolas de Bryaerde portait le titre de seigneur de Leyzeele. Revêtu en 1557 des

---

[1] M. Gailliard, t. II, p. 161, dit qu'il mourut en 1559 et qu'Anne Peussin, sa femme, fut enterrée à Oudezeele, « devant l'autel du chœur, sous une pierre » bleue reposant sur quatre colonnettes. » Notre laborieux collègue donne dans l'ouvrage que nous invoquons ici, sur deux familles de la Cornhuyse, des détails que l'on chercherait vainement aussi complets ailleurs.

[2] Titre qui lui est donné par l'Espinoy; M. Vernimmen ne le qualifie que d'écuyer, « *Schildtcnape* ».

fonctions de grand bailli de Bergues, « il perdit sa place
» pour n'avoir point voulu s'astreindre à la résidence, et fut
» plusieurs fois bourgmestre du Franc, dans les années com-
» prises entre 1567 et 1573. Plus tard, en 1575, il fut
» nommé échevin du Quartier-Nord, et pendant les troubles
» il se refugia à Courtrai, où il mourut, en 1580 ou 1581 ».
Sa femme, Adrienne de Duernaghele, qu'il avait épousée en
» 1557, était fille de Jean, seigneur de Vroylande et de
» Zegershove, mort en 1569, et Marie Taeyspil [1] ».

Bryaerde : d'argent à trois cors de chasse de sable, liés de gueules, virolés d'or; les embouchures à senestre.

XLI
JACQUES DE BIERNE, écuyer.
1559-1570.

Nous venons de voir qu'il devait sa nomination au vainqueur de St-Quentin, le duc Emmanuel-Philibert, qui l'avait donné comme successeur de Nicolas de Bryaerde.

Jacques de Bierne était seigneur de Halle, et descendait de François, seigneur dudit lieu, et de Marie de Walloncappelle :

---

[1] Nous empruntons ce passage à la généalogie de la famille de Bryaerde, que nous avons publiée dans le t. IV des Annales du Comité. Nous reproduirons également la note que nous avions trouvée dans les manuscrits de M. Vernimmen, relativement au seigneur de Leyseele ; elle vient ici fort à propos :

« Hy resideerde tot Mechelen; hy heeft niet willen commen resideeren,
» iegenstaende de instantie van de wet ende ordre van t' gouvernement. De
» stadt versoechte syne residentie, voor ende achter ter brant, ter oorsacke
» van de troubelen; en niet willende commen resideeren, wiert in syn plaetse
» genaemt op bevel van den hertoghen van Savoyen, tot date 21 maerte 1558
» (vieux style), Joncheer Jacques van Bierne ».

Nicolas de Bryaerde fut remplacé à l'audition des Comptes, le 11 « wedemaent » 1558, par Pierre Van der Leene, bailli de la bourgeoisie.

Il épousa Marie de Zuytpeene, fille de Philippe, seigneur d'Hoymille et de Marie Lottin [1].

En 1570, il figurait sur la liste des notables de Berhgambacht et fut la même année remplacé au grand bailliage par Jean Willaert, reçu dans l'assemblée du magistrat, « *in camere* » le 12 mai [2].

Bierne portait, selon les uns : d'argent à la croix de gueules, accompagnée de douze merlettes de sable, en orle. Selon les autres : de gueules à la croix d'or, accompagnée de douze merlettes de même [3].

XLII

JEAN WILLAERT.

1570-1571.

Nous croyons qu'il n'exerça point à titre personnel et qu'il ne fut point le substitut, « *stedehouder* » de Jacques de Bierne [4]. Il avait résigné ses fonctions de « *Onderbailliu* », le 11 mai 1570, veille du jour où il prit possession du grand bailliage [5]. Nous n'avons d'ailleurs recueilli aucun souvenir, soit de sa courte administration, soit de sa famille.

---

[1] « Généalogies de quelques familles des Pays-Bas » Amsterdam. 1774, p. 269, 270. Marie Lottin belle-mère de Jacques de Bierne, était fille de Marc, grand bailli de Bergues, en 1501.

[2] Manuscrits de M. Vernimmen.

[3] Nous ferons remarquer ici que deux familles de Flandre, Maldeghem et Iseghem, portaient des armes identiques, sauf la disposition ou la couleur des émaux. Doit-on voir dans ces ressemblances autre chose que le résultat du hasard, ou peut-on admettre que ces trois maisons sont sorties du même tronc ? Nous laissons à de plus habiles que nous le soin de vider la question.

[4] L'Espinoy, p. 232; Sanderus, t. III, p. 316, et la liste des grands baillis de la ville de Bergues lui donnent ce titre sans y ajouter de restriction.

[5] Manuscrits de M. Vernimmen.

Willaert portait : de ....; à la bande de ....., chargée de trois besans ou tourteaux de ..... [1].

XLIII
LOUIS DE BRUSSET, écuyer.
1571-1578.

Fils d'Antoine, chevalier, enterré à Gravelines, en 1543, et de Florence de Mortagne, Louis de Brusset, porta, comme son père, le titre de seigneur d'Inghelvert; il prêta serment en qualité de grand bailli, le 24 avril 1571 [2].

Appelé à exercer ses fonctions au milieu de circonstances pénibles et difficiles, il s'efforça de louvoyer entre les partis qui divisaient les Pays-Bas : catholique sincère, mais convaincu cependant de l'imminence de la défaite de l'Espagne, et soucieux de conserver sa place, il chercha à s'assurer les sympathies des Etats. Il échoua dans cette tentative difficile [3] et fut destitué par les hommes nouveaux que les commotions politiques avaient amenés au pouvoir.

Louis de Brusset, était, en 1574, gouverneur de la Madeleine [4]; il assista encore comme grand bailli à la reddition des comptes le 24 juillet 1478 [5] et ne quitta Bergues qu'en septembre suivant. Aux yeux des Espagnols, il n'en resta pas moins titulaire du grand bailliage, et il se retira, croyons-nous, à Bourbourg, dont il était gouverneur, à sa mort, arrivée en 1584. Cornil de Brusset, son fils, qu'il avait eu de Catherine

---

[1] Manuscrits de M. Vernimmen.

[2] Il s'était fait délivrer, le 24 janvier 1578, une attestation favorable par le magistrat rebelle de Bergues. Mais ce *certificat de civisme* ne lui servit pas longtemps

[3] M. De Baecker, Recherches sur Bergues, p. 199.

[4] Manuscrits de M. Vernimmen.

[5] Suivant la liste manuscrite des grands baillis de la ville de Bergues.

de Bourguignon, fut enterré à Bourbourg, dans un tombeau d'une grande magnificence [1].

Les armes de Brusset sont, suivant les uns : parti, émanché, d'argent et de gueules, de dix pièces ; et, suivant les autres : d'argent, au chevron de gueules, accompagné de trois trèfles de sinople.

XLIV
JACQUES DE BRYAERDE.
1578-1583.

Il fut nommé grand bailli, le 12 juin 1578, par les Etats généraux et les commissaires au renouvellement de la loi de Bergues [2]. Nous ne répéterons pas ce que nous avons dit ailleurs au sujet de ce personnage [3]. Toutefois, nous croyons devoir ajouter ici les renseignements que nous avons rencontrés depuis.

Longtemps avant que le décret de Philippe II fut venu réunir sous une même administration et sous un même échevinage la ville et la châtellenie de Bergues, la cité avait fait des démarches dans ce sens et envoya à Anvers des députés chargés de faire valoir les motifs qui militaient en faveur de cette mesure. La châtellenie avait des vues opposées, elle députa également à Anvers et ce fut Jacques de Bryaerde, alors son « *taefelhouder* » [4] qu'elle chargea avec Jacob Martin du soin de ses intérêts [5].

[1] Gramaye. — Sanderus.
[2] Manuscrits de M. Vernimmen.
[3] « Généalogie de la famille de Bryaerde », dans le tome IV des Annales du Comité. Nous relèverons ici l'erreur dans laquelle nous étions tombé en donnant à Jacques, seigneur de Rouchefay et beau-père de Jacques de Bryaerde, le titre de grand bailli de Bergues, alors qu'il n'avait été que poortmeester de cette ville. Au reste, la même erreur a été commise par plusieurs généalogistes.
[4] Greffier criminel.
[5] M. De Baecker, « Recherches sur Bergues », p. 83.

Jacques de Bryaerde, quoique l'un des suppôts du parti des Etats, laissa peu de traces de son administration. Nous ne trouvons de lui que la commission qu'il donna le 2 août 1583, à Pierre Bodart pour garder les prisonniers de la ville et de la châtellenie, dans la grande chambre et le grenier situés au dessus de la porte de l'abbaye [1].

Nommé par les rebelles, il cessa tout naturellement ses fonctions au rétablissement de l'autorité de l'Espagne. Peut-être alla-t-il rejoindre dans l'exil le bourgmestre de Dunkerque, son cousin [2].

XLV
GEORGES DE SCHOORE.
1583-1587.

Il reçut sa commission en octobre 1583 et exerçait encore le 27 avril 1587 [3]. Nous trouvons que, de 1578 à 1580, il remplit à Bergues les fonctions de chef marguillier de l'église St-Martin [4], et qu'en 1583 il était gouverneur de la Madeleine [5].

Madeleine Hazebaert, sa veuve, était dame de Brouckerckehoven; elle porta cette terre à Guillaume Hardevuust qu'elle épousa en secondes noces et qui fut bourgmestre de la ville et de la châtellenie de Bergues [6].

---

[1] Notes en français annexées au « Catalogus Abbatum. »

[2] Adolphe de Bryaerde, seigneur de Beauvoorde, exclus de la capitulation de Dunkerque.

[3] Manuscrits de M. Vernimmen.

[4] Notes manuscrites sur l'église Saint-Martin à Bergues, document du XVIIe siècle.

[5] M. De Baecker, ouvrage cité, p. 199. Notre collègue orthographie ce nom : Vanschoires.

[6] Voir dans les Mémoires de la Société dunkerquoise pour 1858, notre « Chronique de l'Abbaye des Dames de St-Victor ».

D'après l'esquisse de son blason ¹, il appartenait à une famille originaire des environs de Bruges. Cette maison portait : de sable, au chevron d'argent chargé, suivant certains généalogistes, de trois quintefeuilles de gueules. Nous ne connaissons point sa filiation ; il était sans doute proche parent de Jean de Schoore, seigneur de Marchove, nommé ² souverain bailli de Flandre par le duc d'Alençon, en 1582.

Nous lisons dans le traité d'union donné, en 1586, par Philippe II, que le grand bailli avait droit à 6 liv. de gros, à la charge de la ville et de la châtellenie pour robes et buvettes ordinaires. L'office de « *Poort-bailliu* » ou de bailli de la ville, fut supprimé à charge par le grand bailli « d'établir son » lieutenant par avis de la loi, lequel sera tenu de demeurer » dans l'enceinte de la ville ³ ».

XLVI
OUDART CORNU.
1587-1594.

Il était en exercice le 2 juin 1587 et mourut en 1594 ⁴. C'est tout ce que nous savons de lui ⁵.

---

¹ Liste des grands baillis de la ville de Bergues.
² L'Espinoy, p. 95; Sanderus, t. I.
³ Nous devons ce passage à M. De Baecker. Comme le fait en question eut lieu sous l'administration de Georges de Schoore, nous avons cru devoir le mentionner ici.
Une famille Van Schoore, originaire de Louvain et portant : de sinople, à trois lions d'argent, armés, lampassés et couronnés d'or, laissait à la même époque des traces dans notre pays. Elie Van Schoore, fils de Jean, bourgmestre de Louvain, et de Jeanne Van Eynatten, mourut à Bergues, le 26 septembre 1582. (Suite du supplément au nobiliaire des Pays-Bas et de Bourgogne, t. V, p. 84).
⁴ Manuscrits de M. Vernimmen.
⁵ La liste manuscrite des grands baillis de Bergues dit : « Isabeau de Corte-

XLVII

ANTOINE DE WAUDRIPONT.
1594-1610.

Sa commission lui fut délivrée le 7 mai 1594 [1]. Il était fils de Rasse, décédé le 12 juillet 1584 et de Jossine Van der Meere.

Antoine de Waudripont possédait les seigneuries de Basseghem, Ter-Moten et la Noote. Il épousa, à Bruxelles, le 7 novembre 1596, Anne de Schietere, fille de Jean et de Catherine de Damhoudere.

Restée veuve en 1610, elle se remaria à Henri de Courtewille, seigneur d'Incourt et de Ter Heyden. M. Gailliard [2] nous a conservé l'inscription que l'on voyait autrefois à Bruges, dans l'église de la Poterie où était déposé le cœur de cette dame :

« Cy reposent
» Les entrailles de feue Dame Anne de Schietere
» Douairière du seigneur de Waudripont et de Ter Heyde,

» wille, fille de Thierry, seigneur de Catsberghe et de damoiselle Marie Lottin, esposua : 1° Laurent Boudens, fils d'Adrien; 2° esposua Olivier Cornut » et eut Robert Cornut, *archévesque de Cambrai* ». Nous n'avons trouvé aucun prélat de ce nom parmi les pasteurs de l'église de Cambrai.

[1] Manuscrits de M. Vernimmen. Entre Georges de Schoore et Philippe de Horosco, L'Espinoy, p. 233 et Sanderus, t. III, p. 316, placent comme grands baillis de Bergues : Roland de Halewyn, chevalier ; Nicaise de Hanneron, Pierre de Griboval et Josse de Ghistelles. Ils omettent complètement Antoine de Waudripont. La manière dont ces noms sont disposés suffit pour démontrer que ces deux auteurs ont fait bon marché de l'ordre chronologique. Notons, en passant, que Nicaise de Hanneron ne se trouvant mentionné que dans leurs ouvrages, nous n'avons pu contrôler l'exactitude de leur assertion.

Ouvrage cité, t. III, pages 316-317.

» Ayant fondé dans cette chapelle
» Trois messes perpétuelles par semaine,
» Décéda en 1629 ».

L'église de l'abbaye de St-Winoc renfermait le tombeau du seigneur de Basseghem. Il était en marbre noir : « Le » socle était orné de bas-reliefs. On remarquait à gauche, une » victoire aîlée tenant l'écusson de Waudripont; à droite, » deux sauvages portant un autre écusson; d'autres blasons » occupaient le haut des bas-reliefs. Antoine de Waudri- » pont était représenté sur le tombeau avec sa cuirasse et » sa cotte d'armes, ses gantelets près de lui, un lion à ses » pieds. Sa femme [1], Anne de Schietere, portait un long » manteau attaché à sa robe par un cordon, des fleurs dans » sa coiffure et une grande fraise, Ses pieds s'appuyaient » sur un levrier [2] ».

L'inscription tumulaire d'Antoine de Waudripont nous a été conservée par Sanderus [3]. M. L. De Baecker nous en donne également une version [4] qui ne diffère de celle du chanoine d'Ypres que par l'agencement des mots. Nous suivrons ici la leçon de Sanderus; elle nous paraît plus conforme aux exigences et aux traditions du style lapidaire :

---

[1] Elle avait été enterrée auprès de son premier mari.

[2] Roger, noblesse et chevalerie de Flandre, etc., p. 211. M. De Baecker qui donne également quelques détails intéressants sur ce monument remarquable, dit qu'il avait six pieds de longueur, quatre de hauteur et autant de largeur. Il ajoute que les bas-reliefs étaient au nombre de quatre qu'ils représentaient les armoiries du défunt « avec les renommées pour supports », et qu'il y avait seize quartiers. Ces renseignements diffèrent un peu de ceux que nous avons eu plus haut, lesquels auraient bien pu être empruntés à Millin, dont nous n'avons pu nous procurer l'ouvrage.

[3] Tome III, p. 311.

[4] « Recherches historiques sur la ville de Bergues ».

Marmor hoc quicumque, vides, vides monumentum,
Nob. V. Dn. Antonii de Waudripont Erasmi f. Judoci N.
Bosseghemi et La Noote Toparchæ
Qui prætor summus hujus oppidi et castelli Bergensis
Dum fuit, integer et vigil
Domoque ab ultima origine clara
Aldenardæ natus, hic denatus
Ne locus ab obitu corpora separaret
Quorum animos in vita copularat amor
Consortem thalami, tumuli habet consortem
Genere, moribus et ingenio nob. ortam Brugis
Dn. Annam de Schietere Joan. f. Avegheers et Voorde potentis
Defuncti sunt facto suo
Superstitibus IV liberis, Judoco, Carolo, Maria, Anna
Maritus IIX id. Junii CIƆIƆCX
Uxor. . . . . . *(sic.)*
Compositis hospes quietem precare
Et sospes, quo te res tuæ vocant, abi.
Vita, usu, omnibus non mancupio datur
Felix cui fas est bene mori.

Waudripont portait : d'or, à deux lions adossés de gueules, les queues entrelacées.

XLIX

PHILIPPE DE HOROSCO, chevalier.

1610-1647.

Il avait acheté la vicomté héréditaire de Bergues à Charles de Longin [1] et possédait les terres de Dorent,

---

[1] L'Espinoy, p. 137. Cet auteur et Sanderus écrivent François de Horosco au lieu de Philippe. Rien ne démontre mieux la décadence des institutions féodales dans nos contrées dès le commencement du XVIIe siècle que la réunion sur une seule tête de deux offices aussi incompatibles que ceux de vicomte et

Hondeghem, etc. Philippe de Horosco, qui obtint la chevalerie le 21 octobre 1614 [1], appartenait à une noble et ancienne famille de Biscaye dont le nom paraît se perpétuer aujourd'hui avec honneur [2]. Son père, Pedro de Horosco, avait épousé Jacqueline de Steelant, et lui-même s'allia à Adrienne de la Coornhuyse, fille de Guillaume [3], président du conseil de Flandre, cité comme l'un de nos meilleurs jurisconsultes [4], et d'Adrienne de Couwenberghe.

Entré en fonctions avant le 16 août 1610, Philippe de Horosco occupait encore, au moins nominalement, le grand bailliage en 1647 [5]. Nous croyons qu'il le résigna à la suite de la prise de Bergues par les Français, le 1er août 1646.

Les armes de cette famille sont : d'azur à deux cerfs passants, d'or, l'un sur l'autre; parti : d'argent, à l'arbre de sinople; un sanglier passant de sable, sur une terrasse d'or, brochant sur le parti. Le tout, à la bordure componée d'argent et de gueules; chaque compon de gueules, chargé d'une croix ancrée d'or.

L

MARC GRIMMINCK, chevalier.

1647-16...

Bergues appartenait à la France quand ce grand bailli prit

de grand bailli. — Ces derniers étaient dans l'origine des fonctionnaires civils et judiciaires, leur établissement n'avait eu lieu que pour restreindre l'autorité presque souveraine des vicomtes ou châtelains.

[1] Voir Le Roux, « Théâtre de la Noblesse, etc », Lille, 1715; p. 230. On peut aussi consulter de Visiano.

[2] Le général Orozco est l'un des plus brillants officiers de l'armée que l'Espagne a dirigée contre le Maroc.

[3] M. Gailliard, t. II, p. 168.

[4] Voir Sanderus, « Flandria illustrata », verbo Belliolum.

[5] Manuscrits de M. Vernimmen.

possession de son office, en octobre 1647. L'année suivante, il reçut du maréchal de Rantzau qui commandait de ces côtés-ci, la commission d'ouïr les comptes de la ville de Bergues et de renouveler le magistrat [1]; il exerçait encore le 12 décembre 1651, lorsqu'il fut commissionné avec le marquis de Sfondrato pour renouveler les lois ou magistrats [2].

LI

N. DE ROUSEREAU.

16..-165..

Il est probable qu'il ne fut à la tête du grand bailliage qu'en qualité de substitut de Marc Grimminck [3].

LII

MARC GRIMMINCK, chevalier.

1653-165..

Nous le retrouvons au grand bailliage en 1653 [4]. Il était également grand bailli de Furnes [5]. Marc Grimminck se qualifiait de

---

[1] Manuscrits de M. Vernimmen.
[2] Idem.
[3] Nous ne le trouvons que dans les manuscrits de M. Vernimmen. L'autre liste que nous avons consultée n'en parle pas; c'est cependant une pièce contemporaine.
On ne doit pas confondre, malgré la similitude des noms, les « stedehouders » avec les lieutenants baillis « onder bailliu, » appelés anciennement « poort bailliu ». Le lieutenant bailli avait ses fonctions distinctes, et si parfois il remplaça le grand bailli absent, ce ne fut, croyons-nous, qu'en abandonnant son propre office.
[4] Notes de M. Vernimmen.
[5] Idem.

seigneur de Bossaert et de Cruninghe, il avait épousé la fille de Philippe de Horosco. Coupable probablement de malversations dans son emploi de receveur-général des finances, il fut pendu à Bruxelles le 23 décembre 1660 [1]. Il n'était plus grand bailli à cette époque.

La famille Grimminck, originaire d'Angleterre était venue se fixer en Flandre, à l'époque des troubles religieux [2]. Nous ne connaissons pas ses armes. Par une singulière compensation pour l'honneur de cette maison, Marc fut l'un des ancêtres de Charles-Louis Grimminck, curé de Zuydcoote et de Caestre, mort en odeur de sainteté.

LIII

JEAN-PHILIPPE DE HORSCO.

1658.

Il devait être fils de Philippe de Horosco et, par conséquent, beau-frère de Marc Grimminck, mais nous n'avons pu trouver sa filiation et nous manquons de renseignements sur les faits qui se sont passés pendant son administration.

LIV

TALON OBERT

1659.

Une famille Obert qui existe encore, porte : d'azur,

---

[1] M. Gailliard, t. II, p. 169.
[2] Vie du curé Grimminck (en flamand), par M. l'abbé Van de Putte, aujourd'hui chanoine.

au chevron d'or, accompagné de trois chandeliers de même.

LV
JEAN-PHILIPPE DE HOROSCO, chevalier.
1660.

Il reparaît un instant au grand bailliage, sans y laisser pour nous plus de traces que la première fois.

LVI
ANTOINE VAN DER GRACHT.
166.-1667.

Nous ne connaissons pas exactement la date de son entrée en fonctions; nous savons seulement qu'il était gouverneur de la ville de Bergues depuis le 12 avril 1660, et qu'il assista en qualité de grand bailli à la reddition des comptes le 12 juin 1663 [1]. La même année, il essaya vainement de s'opposer au démembrement de la châtellenie de Bergues, et réclama, lors de la cession de Dunkerque à Louis XIV, les villages dont les Anglais s'étaient emparés aux environs de cette ville [2], 12 juin 1663. Bergues s'étant rendu aux Français le 5 juin 1667, il dût quitter son office à cette époque, en même temps qu'il abandonna la gouvernance de la ville.

Antoine Van der Gracht était un personnage considérable; indépendamment du titre de baron de Wanghen, il portait celui de pair du Comté de Namur. Il était aussi membre du conseil de guerre, sergent-général de bataille des armées du Roi

---

[1] Manuscrits de M. Vernimmen.
[2] M. De Baecker, « Recherches sur Bergues », p. 103.

catholique et fut successivement gouverneur d'Avesnes, de Bergues, d'Ypres et de Charlemont [1]. Il avait épousé Marie-Thérèse Van Horff, originaire du pays de Juliers. Son père était François Van der Gracht, seigneur de Schardau, écoutête de Malines, et sa mère, Philippotte d'Uyterlimminghen, dame de Wanghen.

La famille Van der Gracht existe encore; elle a pour armes : d'argent, au chevron de gueules, accompagné de trois merlettes de sable.

LVII

DANIEL DE CAZAUX, gouverneur.

1667-1680.

Il cumula cette fonction avec celle de grand bailli à partir de novembre 1667 jusqu'en 1680 ou 1681 [2].

LVIII

N. DE TRAZY.

1681-1682.

Il était à la fois gouverneur et grand bailli. M. De Baecker l'appelle « le sieur de Traze [3] ».

---

[1] L. Le Blond, quartiers généalogiques. — Suite du Supplément au Nobiliaire des Pays-Bas et de Bourgogne.

[2] C'est au moins ce qui résulterait des notes de M. Vernimmen. Il est appelé ailleurs Daniel de Calaux.

M. L. De Baecker, *loco citato*, p. 236, indique comme gouverneur de Bergues, en 1676, après Daniel de Cazaux, le « sieur de Montfranc ».

[3] *Ibidem*, p. 236.

LIX

M. DE MAUPERTUIS (Louis de Melun).

1682-1690.

« Ce Maupertuis se disoit de la maison de Melun et le
» disoit de bonne foi; car il étoit la vérité et l'honneur et la
» probité même, et c'est ce qui lui avoit acquis la confiance
» du Roi. Il étoit arrivé par les degrés, de maréchal-des-
» logis des mousquetaires jusqu'à les commander en chef et
» à devenir officier-général....[1]. » Il mourut lieutenant-géné-
» ral des armées du Roi en 1720, après avoir été gouverneur et grand bailli de Bergues de 1682 à 1690 [2].

LX

JEAN LE FEBVRE, écuyer.

1691-1700.

Il était de Dunkerque, et portait pour armes : d'argent,
au chevron de gueules, accompagné en chef de deux glands
de chêne de sable et en pointe d'une merlette de même. Jean
Le Febvre, qui mourut le 5 mars 1700, se qualifiait « grand
bailli héréditaire de la ville et citadelle *(sic)* de Bergues et
directeur-général des vivres des armées du Roi. »[3] Il fut le
premier bailli héréditaire.

---

[1] Mémoires complets et authentiques du duc de St-Simon, Paris, 1856, t. 1,
p 3. (Edition en douze volumes). Saint-Simon fit sous lui ses premières armes.

[2] Manuscrits de M. Vernimmen.

[3] Armorial de Flandre, édit. de M. Borel d'Hauterive, p. 63. Dans ce recueil,
l'orthographe de nos noms flamands est torturée de toutes les façons imagi-
nables. Marie-Madeleine Joires, femme de Jean Le Febvre, y est appelée *Jorin*.

LXI

JOSEPH JOIRES.

1700-1750.

Les manuscrits de M. Vernimmen nous apprennent qu'il exerçait en qualité de tuteur des enfants de son prédécesseur, dont nous croyons qu'il était le beau-frère [1]. Une ordonnance de Louis XIV avait rendu le grand bailliage héréditaire [2]. Joseph Joires étant resté en charge jusqu'à sa mort, arrivée en juillet 1750, nous en concluons qu'il était devenu possesseur de son office à titre personnel [3].

LXII

JACQUES JOSSE COPPENS, écuyer.

1751-17..

Il fut installé le 18 juin 1751 [4]. Comme il était seigneur d'Hondschoote [5], l'une des paroisses vassales de la châtellenie, on lui contesta un moment le droit d'exercer en qualité de grand bailli. Cette difficulté fut levée par M. de Bernières, intendant de Flandre, qui, dans sa décision, s'appuya sur

---

[1] Voir la note précédente.

[2] Nous constatons ce fait, sans pouvoir en indiquer la date.

[3] L'Armorial de Flandre, édité par M. Borel d'Hauterive, pages 39, 59, 60, nous donne les armes de plusieurs personnes du nom de Joires.

[4] Manuscrits de M. Vernimmen.

[5] Il avait acheté en 1749, la seigneurie d'Hondschoote au prince de Hornes, moyennant 90,000 florins. Avec les charges dont cette terre était grevée, elle lui revint à 140,000 florins. Voir la traduction que nous avons donnée d'un document sur l'entrée solennelle du nouveau seigneur d'Hondschoote, Bulletin du Comité, t. 1, p. 220.

l'article XXIV de la Caroline de Gand, portant qu'il est ordonné au magistrat d'installer celui qui sera muni de sa commission, qu'il soit ou non bourgeois de ladite ville, « *t'zy pooter der selve stede ofte niet* [1] ».

En 1754, M. Moreau de Beaumont, récemment nommé intendant de Flandre, vint en compagnie de sa femme, visiter la ville de Bergues. Nous ne raconterons pas les fêtes splendides qui eurent lieu à cette occasion, mais nous ne pouvons nous dispenser de citer un fait qui prouve toute l'importance que nos ancêtres attachaient aux questions de préséance ; laissons parler M. De Baecker [2] :

« Aux premiers sons d'un orchestre harmonieux, les quadrilles commencèrent à se former, mais la danse fut un instant retardée par un incident soulevé par l'étiquette. M. le grand bailli et M. le bourgmestre se disputaient la faveur d'ouvrir le bal avec Mme l'Intendante : M. le bourgmestre prétendait, en sa qualité de bourgmestre, danser la première contredanse. M. le grand bailli soutenait que cet honneur lui appartenait comme inhérent à ses prérogatives. L'Intendante, qui, dit-on, était jolie, spirituelle et gracieuse, trancha cette grave difficulté en donnant une main à chacun des prétendants et prit place dans le quadrille, ayant à sa droite M. le grand bailli et M. le bourgmestre à sa gauche. Aussitôt toute l'assistance d'applaudir.... »
Nous ajouterons que les fils des deux champions allèrent sur le terrain vider cette grave difficulté et que M. Boudens Van der Burgh, fils du bourgmestre, donna à son adversaire un coup d'épée qui mit fin à la discussion [3].

[1] Manuscrits de M. Vernimmen.
[2] Recherches sur Bergues, p. 126.
[3] Manuscrits de M. Vernimmen.

Jacques-Josse Coppens, né le 14 juillet 1711, était fils de Bernard et de Jossine Taverne ; il fut marié trois fois. Sa seconde femme, Anne-Marie Bart, était proche parente de l'illustre marin dunkerquois [1].

La famille Coppens porte : d'azur, à trois coupes d'or [2].

LXIII

BERNARD-PIERRE COPPENS, écuyer.
17..-1790.

Nous arrivons ici au dernier des grands baillis de Bergues. Cette institution ne devait pas trouver grâce devant la grande révolution qui détruisit toute l'ancienne société. Successeur de son père à une époque que nous ne savons préciser, Bernard-Pierre Coppens ne transmit à personne les nombreuses qualifications que lui donnent les documents contemporains [3]. Son fils, lieutenant-colonel d'état-major, épousa la sœur de M. de Lamartine.

---

[1] Généalogie communiquée par feu M. B. Delattre, ancien maire de Dunkerque.

[2] Selon un registre des Archives de Dunkerque. Ces armoiries ne sont pas conformes à celles indiquées dans l'Armorial de d'Hozier, édition citée, p. 57, comme étant celles de Philippe Coppeux (Coppens). Les Coppens paraissent originaires du Brabant où nous avons trouvé une famille de ce nom : portant : de sinople, à trois coupes d'or. — (Voir Théâtre de la Noblesse de Brabant, astérisque 55, p. 4.

[3] Seigneur d'Hersin, de Coupigny, puis d'Hondschoote ; avocat, lieutenant civil et criminel près du siège de l'Amirauté de France à Dunkerque ; maire (sic) de Dunkerque, de 1765 à 1767 ; chevalier de l'ordre du Roi ; gouverneur d'Hondschoote ; grand bailli ; etc., etc.

Lille. Imp. de Lefebvre-Ducrocq.

www.ingramcontent.com/pod-product-compliance
Lightning Source LLC
LaVergne TN
LVHW020056090426
835510LV00040B/1731